SILENCIO
vivir en el espíritu

SILENCIO
vivir en el espíritu

4

co-lección
en La Zona

JULIO BEVIONE

Este es el cuarto libro de la Co-Lección de La Zona.

A través de ellos se ofrecen textos escritos por Julio Bevione, muchos de ellos extraídos de sus seminarios y conferencias.

1

Nuestra mente manda. Excepto, claro está, que nosotros seamos quienes decidamos hacerlo. La decisión está entre nosotros o nuestra mente. Como verás, no es lo mismo. Tenemos una mente, pero no somos ella.

Ese debe ser el punto de partida si queremos tener el poder de decidir. El poder de decisión entre lo que nos da y nos quita energía, nos fortalece y nos debilita, entre lo que nos acerca a nuestra esencia y lo que nos pone lejos, cada vez más lejos de ésta. El secreto está en nuestra mente. No porque ésta sea poderosa en sí misma, sino porque le damos nuestro poder.

Sí. El poder es esencialmente nuestro y donde lo pongamos se manifiesta. Si le damos el poder a alguien, esa persona por seguro nos dominará, no porque sea poderosa, sino porque le hemos entregado nuestro poder.

Así pasa con la mente. Ésta es solo un instrumento al cual, si le sumamos nuestro poder, tiene todo para controlarnos, subirnos y bajarnos.

Por lo tanto, cuando queremos fortalecernos, traer un poco de luz a nuestra vida, evolucionar o simplemente sentirnos bien, es fundamental entender que si no quitamos el poder que le hemos dado a nuestra mente, esto no ocurrirá. ¿Cómo podríamos pedirle al diablo que nos saque del infierno?

2

Lo que nuestra mente dice, en realidad, es en buena parte ilusión. En ella hemos ido creando registros muy bien organizados de nuestra historia personal. Tenemos archivos de las personas que hemos conocido y bajo ellas, los juicios que hemos hecho. Las experiencias que hemos vivido y los detalles de cada una. Y de todo lo guardado, hay pedazos que están sellados en lo indiscutible. Son aquellas percepciones de personas o circunstancias que han estado envueltas en dolor. Las densas emociones del dolor hacen que una vez que las vivimos, demos por sentado que las cosas son como las hemos percibido y las agrupamos en la caja de nuestras verdades. Nadie podrá convencernos de que son diferentes. Así, seguimos cargando la energía del dolor, creando historias en base a esas verdades y confirmándolas con cada historia. Y con cada confirmación, fortaleciéndolas. Y con esas verdades fortalecidas, debilitándonos.

Porque nadie puede llevar una carga y sentirse liviano. Esa es la consecuencia de permitir que nuestra mente perciba, enjuicie, registre y guarde. Todo en uno. Nosotros quedamos afuera de esa tarea y nos volvemos víctimas de ésta.

Así, ya nada nuevo puede pasar porque hablamos, sentimos y actuamos en base a lo guardado, a lo registrado, a los juicios y las percepciones vividas. Soltar nuestra mente es soltar las historias guardadas. Y éstas pocas veces coinciden con la realidad. Es decir, cargamos humo, fantasías, puros recuerdos de algo que no fue tal como lo recordamos. Así y todo, sufrimos como si fuera verdad.

3

En el silencio no hay registros, solo vivencias. No hay memoria, no hay archivos, no hay pasado ni especulaciones. Solo estamos en el presente. Y en el presente, solamente pasa lo que está pasando. Y lo que pasa... pasa.

El discurso de la mente es una enfermedad en sí misma. Puede estar más o menos enferma, pero nunca llega a estar completamente sana.

La psicología ayuda a organizarla pero no termina de sanarla. De hecho, la salud y la mente pueden ser antagónicas. La salud se refiere a la integridad, cuando nada está roto, cuando no hay divisiones. La mente, por su lado, separa, elige, discrimina. Y cada vez que lo hace, comienza el conflicto. Bastan solo dos partes que sean opuestas para comenzar una disputa. Y la mente vive en esa disputa. Se alimenta de ella. Se entretiene, es adicta al drama. El drama que necesita de antagónicos, los que la mente sabe muy bien cómo ilustrar.

Y como la mente es la que nos da los libretos para interpretar la realidad, ésta se llena de contradicciones, de algunos personajes temerosos y otros amorosos, pero que no pueden estar en paz porque están siempre bajo amenaza. El temeroso de ser amado, el amoroso de no mezclarse con el miedo. Porque aún cuando adiestremos a la mente a ver lo positivo, lo bello, lo armonioso y lo espiritual, vivimos en el estrés de evitar que nos suceda lo opuesto.

Si no soltamos la mente, seguiremos viendo pedacitos. Además de los pedacitos positivos, bellos, armoniosos y espirituales, también estarán los pedacitos negativos y oscuros. Y como sabemos que estos pueden aparecer en cualquier momento, esa alerta no puede menos que estresarnos.

No podemos ver la naturaleza de las cosas. Coloreamos todo con nuestra opinión y nuestros prejuicios. Y el mundo no puede menos que reflejarlo como un espejo. Como un espejo roto. Un espejo que vamos rompiendo con juicios y opiniones.

Pero en el silencio podemos comenzar a unir los pedacitos. De a poco, vamos viendo a todos en un mismo paisaje. Los de un color y los de otro. Los de aquí y los de allá. Buenos y malos. Todos comienzan a convivir en el mismo espejo. Y, obviamente, esto se siente mucho mejor.

4

Cuando estamos en silencio es nuestra conciencia la que toma el poder.

La conciencia es la verdad más cercana a nosotros, es nuestra esencia. Si nos parecemos a Dios, ese parecido está en nuestra conciencia. Dios no piensa como nosotros, pero nosotros podemos reflejarlo en nuestra conciencia. Esa conciencia en el amor. No como lo conocemos, el amor que busca lo bueno y evita lo malo. Sino el amor que lo integra todo. Una energía suficientemente pura como para colarse por los costados del miedo. Por lo tanto, cuando hacemos silencio, dejamos que el amor se cuele entre nuestras memorias, entre todos los pedacitos. Aquí está el bueno, allá está el malo, pero uniéndolos está la energía del amor.

5

Alcanzar un estado mental donde podamos aceptar lo que pasa, tal como pasa, es uno de los logros espirituales más profundos en nuestra evolución. Primero, porque nos damos cuenta que es la única manera posible de alcanzar la paz, por fuera y por dentro de nosotros. Soltar la necesidad de tener razón, de entenderlo todo, para llegar a la aceptación nos lleva directo a nuestra realización espiritual. Y al lograrlo, nos damos cuenta que el camino por recorrer no era el equivocado, pero su recorrido era al revés. Cuando acepto, realmente puedo entender y eventualmente encontrar una razón.

"Acepto esto tal como se presenta. Amo lo que me pasa". Hay días en que estas frases me acompañan desde que me levanto hasta irme a dormir. Las llevo en el bolsillo porque es la llave que abrirá la puerta de mi interior cuando lo externo me esté tentando a quitarme la paz. Aceptar esto que está ocurriendo con la certeza que es lo perfecto para este momento. ¡Y ya está!

Confieso que me llevó tiempo dejar de entregarle el poder a mi mente con sus excusas y justificaciones, algunas muy lógicas y aparentemente justas. Pero poco a poco me permití rendirme ante las cosas tal como son. Y especialmente ante las personas. Aún cuando demorara varios años en alcanzar el punto de aceptación, éste llegaba. Y al llegar, veía que definitivamente lo que había pasado había sido perfecto tal como fue.

6

Las palabras, en sí mismas, son símbolos convenidos, aprendidos y de gran utilidad para comunicarnos. Pero también son unas cápsulas energéticas muy potentes. Ellas llevan la carga de lo que representan, de lo que cada quien la usa le ha cargado. Y le siguen cargando cada vez que las repiten.

No se trata de callarse la boca, porque si una palabra no es dicha pero queda en nuestro pensamiento, igualmente nos impactará a nosotros mismos, a quienes nos rodean y a los lugares donde estemos. Transmitiremos esa energía con nuestra actitud, se escapará en nuestras expresiones y hasta en nuestros silencios.

7

La meditación nos lleva al silencio.

Meditar es separarnos de lo que percibimos real, por un instante, para entrar en un espacio interior que no puede ser definido. Es más una experiencia de sensaciones que de imágenes. A veces, la mente cuela alguna de sus imágenes - recuerdos, especulaciones- y la conciencia capta otras que son más elevadas –colores, formas- pero ninguna de ellas puede distraernos.

Lo que hacemos al meditar es atestiguar. Observar sin juicio. Hacer un paso atrás y ubicarnos donde lo veamos pasar todo. Con suficiente distancia para dejarlo pasar.

Atestiguamos. Estamos presentes sin involucrarnos. Observamos los pensamientos. Cuando nos tentemos a dejarnos llevar por ellos, tengamos presente que "es solo un pensamiento", sin interferir en su paso. Ya sea que veamos imágenes de lo que tememos o luces multicolores en forma angelical. Solo dejémoslas pasar.

Eso es meditar.

La respiración será de gran ayuda porque nos permitirá no mezclar nuestra energía con lo que estamos percibiendo. Cuando algo nos tiente a llevarse nuestra atención, respiremos. Y sigamos respirando hasta ubicarnos otra vez en ese espacio donde somos solo observadores. Donde podemos observar el caos, pero no somos parte de él.

Y también observemos las emociones. Lo que sentimos, dónde lo sentimos. Y dejarnos sentir. Sabiendo que es solo una sensación en nuestro cuerpo. Observemos el cuerpo y lo que siente sin involucrarnos. Observemos las emociones y tengamos presente que es "solamente una emoción que mi cuerpo está sintiendo". Ya sea ira o alegría, no nos detengamos en ninguna de éstas.

Poco a poco lograremos entrar en ese espacio de observación con facilidad.

Mientras tanto, para enfocarnos podemos visualizar un punto. Puede ser un punto como tal, un punto redondo que podemos visualizar hasta que nos resulte cómodo ver pasar, tras él, las imágenes y las emociones. Pero en algún momento también debemos dejar ir ese punto hasta que todo pase, todo siga.

Que nada nos distraiga hasta llegar a tener un segundo de conexión, el segundo más buscado y el que tanto nos cuesta encontrar.

8

El momento de conexión dura un segundo. Y alcanzar ese segundo es al que aspiramos. Un segundo donde regresamos a la conciencia y abandonamos la mente.

Es solo un segundo, pero tan poderoso que alcanza a abrir una brecha. Y por ella se cuela la luz en nuestra mente.

Después de ese instante, podemos ver posibilidades, nos permitimos atestiguar la emoción sin dejarnos arrastrar por ella. Nos recuerda quiénes somos. Todo eso nos llega como una chispa de energía en tan solo un segundo.

9

Toda percepción de separación viene de la mente. El espíritu no puede ver algo separado. Esta idea de separación es la que más le ha costado trascender al mundo y quizás es la enseñanza que más caro nos está costando en los términos humanos de dolor y sacrificio. Desde las guerras entre países hasta los desacuerdos en las familias nacen de esta necesidad de mantenernos en un solo lado de la mente.

Y desde un lado, solo se ve el otro. Nos quedamos a medias. Y el que ve a medias ¡cómo no va a caerse!

10

Si distinguimos lo bueno de lo malo, es una decisión sana de nuestra mente, pero no la visión de nuestro espíritu. Nos lleva al orden, pero no a la paz.

Por eso es que la vida espiritual no depende de una actitud mental. Pero la mente puede ser la primera interferencia, por eso es que necesitamos trascenderla antes que todo.

La vida espiritual es una vida más de sensaciones y de acción, que de pensamiento. De sensaciones, porque allí es donde podemos tener la experiencia más cercana a Dios, en la paz, en el gozo. Y de acción, porque es en el mundo donde podemos ofrecer los frutos de esa experiencia. Primero la encuentro en mí y luego la ofrezco al mundo. En lo que digo, en lo hago y también en lo que pienso. Ya que no solamente aporto con mis acciones visibles, perceptibles por los demás, sino también por los juicios o la ausencia de ellos, sobre todo lo que me rodea.

Una vida puramente mental nos puede llevar a sustituir la acción por pensamientos amorosos o positivos, pero en realidad, no estamos ofreciendo demasiado. Porque en los pensamientos no podremos nunca contactar la grandeza de nuestro espíritu, que vive en el acto de amar, no en el amor en sí.

11

Para llegar alto, debemos soltar lo que nos pesa. Las cargas no nos impiden volar. ¡Qué motores necesita un avión para lograrlo! Porque volar no es la naturaleza del metal. Pero si lo es de las aves, por eso basta con que abran las alas y busquen el cielo para que lo logren.

Volar es una condición de nuestro espíritu, no de nuestro cuerpo. Su vuelo nos lleva a ver nuestra vida desde arriba, desde los costados, desde más lejos. Y en ese vuelo, podemos tomar distancia. Y con esa distancia podemos ver las cosas tal como son, no según la historia que nuestra mente nos cuenta.

Pero que volar sea condición del espíritu, no nos garantiza ese vuelo, porque a veces el cuerpo, nuestra densidad, está tan pesada que no deja que nuestro espíritu aflore. Pesa por las emociones densas que no hemos liberado, las viejas estructuras que cargamos, nuestros juicios y los juicios del mundo. Por eso pesa tanto.

Una vez que entramos en el silencio, podemos observar nuestros pensamientos vetustos, almidonados por el tiempo, algunos prestados y nunca devueltos. Los vemos todos. Y ya no tenemos que liberarnos de ellos porque, al observarlos desde el espíritu, caen por su propio peso.

12

He aprendido que cuando algo "no es", lo siento. La mente, que es una mentira en sí misma, no puede distinguir lo que es verdad de lo que no lo es. Por eso, cuando quiero saber si algo o alguien "es" verdad, cierro los ojos y siento.

Si siento paz, sigo. Si no la siento, me detengo y espero. Espero otro momento, otra persona. O vuelvo a dejar sentir. Y si la tensión en mi persiste, digo que no, gracias y doy media vuelta.

13

¿Cómo podemos reconocer cuando estamos atrapados en nuestra mente?

Nos enojamos.

Puede que la respiración sea más corta, que el estómago se cierre o nuestra garganta se sienta rígida. Puede que seamos muy sarcásticos, muy analíticos para encontrar algo en otra persona que justifique lo que estamos sintiendo.

El enojo es una de las formas más habituales de la mente temerosa. Y no es tan grave que sea así. La gravedad es que queramos combatir el enojo como emoción, sin llegar a la verdadera razón por la que éste se sostiene: la persistente necesidad de tener razón.

Estamos tristes.

Hemos puesto a la tristeza en la lista de las emociones que querríamos eliminar de nuestra vida, quizás porque creemos que la tristeza y la depresión van de la mano. Y eso, no necesariamente es así.

La tristeza nos alivia en momentos en que concluimos ciclos, en la transición a una nueva forma de pensar o cuando estamos adaptándonos a algo nuevo, recordando lo cómodo que era estar donde estábamos, ya sea un lugar, una persona o una forma de pensar. La tristeza cataliza lo viejo, lo denso y lo negativo para sacar esa energía de nuestro sistema. Si estamos atentos, sabremos que cuando estamos tristes es porque la mente está eliminando "toxinas" y nada más.

Si observamos la tristeza, no tardaremos en ver que hay cierta belleza en este proceso. Quizás ésa es la melancolía que inspiraba a los artistas y poetas.

Pero si no estamos atentos, por la densidad que mueve, podemos dejarnos llevar y perdernos.

Por eso, cuando llegue la tristeza, atestigüémosla. Atestiguar la tristeza y todas las historias que ésta nos cuenta es sanador y liberador. Es un proceso que no toma mucho tiempo. A veces, es más corta que un bolero.

14

La raíz de todo lo que nos sucede no es visible, se siente en el cuerpo pero no ocurre en el cuerpo, lo podemos pensar, pero esas imágenes apenas representan la realidad.

Hay algo más profundo que ocurre en un mundo invisible para nuestros sentidos. Esa es la energía que nos contiene y donde nace lo que pensamos, lo que sentimos y lo que vemos. Por eso, a veces, es necesario cerrar los ojos para poder sentirla. Porque está allí, pero todo lo demás nos distrae.

Y en ese plano, hay dos energías que danzan juntas. Una densa, pesada y la otra liviana y brillante. La energía del miedo y del amor. Se entrelazan, se separan y vuelven a unirse.

Cuando hay amor, hay orden. Cuando hay miedo, todo se desordena. Con el amor volamos, con el miedo nos sentimos atrapados. Por eso, cuando algo no se ve bien o cuando en nuestro corazón algo no se siente bien, paremos y observemos en torno a cuál energía estamos girando. Si estoy alrededor de la energía del miedo, puedo estar en el paraíso, pero de todo temeré. Si estoy en la energía del amor, hasta los habitantes del infierno me despertarán compasión.

Nunca es el otro, nunca es el lugar, tampoco una situación la que provoca malestar. Todo depende de la energía estoy usando para danzar el baile de la vida.

15

No hemos sido educados para observar nuestros pensamientos y emociones, para ser más conscientes de lo que estamos pensando o cómo nos sentimos. Estamos entrenados para mirar afuera, a los otros, al lugar, a lo que está sucediendo.

Pero a medida que podemos familiarizarnos con los pensamientos y emociones desarrollaremos una capacidad de decisión muy precisa. Podremos hacer una conexión entre un pensamiento y una respuesta emocional, o una emoción y un pensamiento, en ese instante. Lograremos establecer un patrón más claro para saber cómo funcionamos, cómo hemos orquestado nuestra energía. Así, estar más atentos a la energía que usamos y a modificarla cuando sea necesario.

16

La respiración es la gran correctora de energías. Es la gran terapeuta que se ocupa de poner en su lugar aquello que nosotros caprichosamente hemos puesto donde no iba. Pone la energía del miedo en la precaución y la saca de las relaciones. Lleva la energía del amor a las relaciones y corrige aquello que en algún momento nos desconecta del bienestar. A través de la respiración, la energía hace su trabajo.

He experimentado que la mejor forma de tener una respiración sanadora es dejarnos llevar por ella. Al comienzo, tenemos que extenderla, profundizarla, estirarla. Hacer más larga la inhalación y la exhalación. Tanto, hasta que se sientan un poquito incómodas. La incomodidad nos indicará hasta dónde podemos llegar.

Si cruzamos la línea, lo haremos con sacrificio. Y con sacrificio no hay sanación posible.

Una vez que entramos en un flujo más amplio y profundo en la manera de respirar, dejemos que ella haga lo suyo.

Respiremos sin controlar, sin tensionar, sin interferir. Luego de unos minutos, la paz que experimentaremos será el indicio de que lo que debía hacerse, se hizo.

17

No escapemos de lo que sentimos.

Cuando una emoción densa llega, la que sea, démosle la bienvenida. Cuanto más la evitemos, más crecerá. ¡Y crecerá hasta estallar! Terminaremos diciendo lo que no queríamos o haciendo algo que nos llevará al enojo o la culpa. Y con esto, alimentamos aún más la emoción que estábamos tratando de hacer desaparecer.

No escapemos de lo que sentimos. Démonos un momento para esa emoción. Tomemos un momento para aquietar el cuerpo, respirar profundo y buscar el silencio.

Luego, observemos la emoción, conversemos con ella, hasta que escuchemos todo lo que estaba allí guardado. Sólo escuchemos, respiremos y dejemos que salga lo que tiene que salir. En silencio.

18

Cuando vemos una rueda girar, parece estar toda en movimiento, pero hay un punto en el centro que aun girando, no cambia de lugar. Ese es su eje.

La mente es como una rueda que anda y anda. ¡Pero debemos encontrar el eje si no queremos marearnos! Es de ese eje donde nos vamos cuando la mente nos gana. Estamos en todos los movimientos de la rueda, pero nos fuimos del centro.

Y allí comienza la dualidad: estamos aquí pero queremos estar allá. Vamos del gusto al disgusto en minutos. Estamos en acción, pero no estamos en paz.

En cambio, cuando estamos en silencio, podemos volver al centro sin importar lo que esté ocurriendo alrededor.

La mente se pasea, pero nosotros estamos en el centro. Y allí es donde está la paz.

19

Es en nuestro interior donde encontramos los significados más profundos de lo que sucede en el mundo que nos rodea.

Cuando los ¿por qué? y los ¿para qué? resuenan en nuestro interior, es nuestro espíritu el que habla. Y nadie puede estar más cerca de la verdad.

Por eso, cuando la mente nos pida más y nos entretengamos escuchando demasiadas voces, hagamos silencio y escuchemos la nuestra. Quizás no sea lo que nos guste, pero escucharemos la verdad. Y la verdad, por más dura que sea, siempre nos sacará de donde estamos detenidos.

20

Nuestra personalidad puede transformarse, nuestros hábitos cambiar y las relaciones o la forma en que nos relacionamos también. Pero nuestra esencia permanece intacta.

Si recorremos nuestra vida en silencio, podremos descubrir que hay sensaciones que se repiten. Esas sensaciones que hemos sentido cuando estuvimos en contacto con nosotros mismos. A los 8 años, a los 20 o a los 50. Hay una quietud que siempre estuvo presente. Allí es donde habita el espíritu.

No hay enfermedad que pueda corroer nuestro espíritu, ni dolor que pueda hacerle daño.

En nuestra esencia, donde nunca nada ha pasado. Todo es lo que siempre fue y siempre será.

21

Cuando estamos atrapados en la mente, es la realidad misma la que nos muestra lo que estamos pensando.

La mente se enreda, especula y asume. Analiza y opina hasta que quedamos atrapados en su telaraña. Por momentos, saber lo que está ocurriendo en ella puede resultarnos una tarea imposible. Es allí cuando debemos abrir los ojos más grandes que nunca y ver afuera.

Lo que está pasando adentro lo vemos afuera. La realidad lo hace obvio, de tal manera que no podemos escapar.

Por eso, cuando nuestra mente especule hasta enredarse, miremos lo que nos rodea y allí estará la verdad de la mente. Luego, en silencio, podremos ir por nuestra verdad.

22

Vemos lo que deseamos. Lo que pensamos y sentimos tiñen la realidad del color con que queremos pintarla. Y mientras más deseamos, más activa está la mente y más colores tenemos para pintar lo que vemos. Tantos colores que terminamos confundidos.

La ausencia de deseo, en cambio, lleva la luz hacia adentro. Ya no nos entretenemos con los espejos de colores y empezamos a ver que dentro de nosotros también puede haber brillo.

Quizás, antes del brillo veamos un vacío. Cuando hemos estado tan expuestos a las luces, puede que nos creamos ciegos.

Pero si permanecemos en el silencio, ese vacío comenzará a mostrarnos destellos y poco a poco veremos la luz.

Usemos esa luz para ver mejor dentro de nosotros cuando sintamos que nos estamos perdiendo con lo de afuera.

23

Todo está presente en todo. Esa es la ley primera de la materia. En la oscuridad está la luz y en el blanco, hay negro y en el odio, está el amor. Por eso, cuando nos apegamos a una sola postura, al idealismo o a una visión solamente positiva, estamos limitando a que nuestra esencia se manifieste. Y nuestra personalidad le gana.

Si queremos dejar que nuestro espíritu esté a cargo de nuestra vida, no podemos estar apegados al bien ni al mal. Si solo vemos una parte, siempre estaremos temiendo que la otra aparezca y, así, no encontraremos paz.

Este es un paso que solo puede dar nuestro espíritu, porque la mente nunca se sentirá cómoda en el camino del medio. Lo considerará ilógico y hasta inhumano. Y esa puerta se abre con la aceptación. Cuando aceptamos, aun no estando de acuerdo o teniendo una opinión diferente, pero aceptamos y no ofrecemos resistencia a lo que estamos experimentando, en ese instante, se enciende la luz de nuestra conciencia. Y la visión se expande, la luz deja verlo todo y, esa misma luz, lo integra a todo.

El pecado, el castigo, la justicia humana y las verdades del hombre, están a los costados. Cuando llegan al centro, en ese momento, simplemente son. Tal como son.

24

Creemos que los pensamientos son ideas, son imágenes y recuerdos. Y es así, ese es su contenido, pero hay más que eso.

Un pensamiento es un cúmulo de energía con identidad propia. Su contenido, al ser "digerido" por nuestro cerebro lo convierte en información perceptible. Pero, en su naturaleza, los pensamientos son energía.

Esto hace que nuestra mente no esté reducida a nuestra área de la cabeza. En realidad ¡todo nuestro cuerpo es la mente! Ya que esa energía está distribuida en todo el espacio de densidad que ocupamos. Una parte visible es nuestro cuerpo físico. Una parte no visible, nuestro cuerpo energético.

Y como somos energía, los pensamientos tienen movimiento y propulsión. Los generamos, pero no necesariamente nos pertenecen. Muchos de ellos los compartimos. Al conversar, por ejemplo, estamos intercambiando energía. Aun cuando no estamos visiblemente conectados, pero compartimos una emoción, esto crea el puente necesario para que esta energía también se comparta.

Así es que vivimos en un ambiente energético donde estamos lidiando con la energía, quizá, sin ni siquiera saberlo.

En el silencio, podemos estar más atentos a esto. Quizás estamos conversando, pero si nuestra mente se silenció, podemos sentir que estamos compartiendo una energía que no es compatible. No es mala, ni malo es el que la carga, sino que no es compatible con la nuestra. Y la incompatibilidad energética, si no estamos atentos, se paga cara. Se paga con cansancio físico e inestabilidad emocional.

El amor hace que la compartamos, pero el miedo es quien la mezcla.

25

¿De qué se ocupa la mente mientras nuestro espíritu espera ser atendido?

En nuestras sombras.

En la parte de nuestra personalidad que no nos gusta y por eso no queremos mostrar. La censuramos porque pensamos que si la dejamos ver, mostrándonos auténticos, tal cual somos, no nos van a querer. Sostenemos este juicio a nosotros mismos porque quizás lo hayamos escuchado alguna vez y, como nos produjo tanto temor, no podemos, literalmente, "sacarlo de la cabeza".

Ese "error" que no queremos mostrar, nos consume mucha energía… ¡Muchísima! Pensamos en estrategias para que no se note, para que nadie pregunte, para evitar dejarlo salir. Y como lo reprimimos, estamos obligados a verlo en los demás. Y así comenzamos a gastar aun más energía, la poca que nos queda, para enojarnos, criticar a otros y obligarlos a cambiar aquello con lo que nosotros mismos no hemos podido lidiar.

Es sombra es lo que no somos, pero que creemos que es verdad. Son nuestros fantasmas, porque los fantasmas solo pueden ser reales en la oscuridad, en la sombra.

Pero un día estalla una chispa de nuestra conciencia y esa pequeña luz alcanzará para, al menos, poder mirar de frente al fantasma y darnos cuenta que solo era eso... Una sombra.

En las historias de familia.

Nacer en un ambiente familiar implica el mayor reto espiritual. Por un lado, tratar de marcar nuestra individualidad entre todos y, por el otro, sentirnos parte de un grupo. Y con tremenda tarea, si el ego no es asistido por el espíritu, se pierde. Y al perderse, sufre.

Sucede que aun cuando el tiempo ha pasado, nuestra mente sigue anclada en los eventos más traumáticos que hayamos vivido en nuestras relaciones familiares o con aquellas personas cercanas con las que hayamos compartido más tiempo o hayamos abierto nuestro corazón.

Diría que lo traumático nunca es lo que sucede, sino cómo lo percibimos. La mayoría de nuestras anclas en el pasado están en momentos en que hemos abierto nuestro corazón y nos sentimos defraudados. Por nuestros padres, por una maestra, por la pareja, por un hermano, por la abuela, por alguien que no necesariamente nos falló, pero que en nuestra historia, la que narramos en nuestra mente, creemos que lo hizo.

Cuando esto sucede, volvamos al momento en que sucedieron los hechos y démosle una mirada más objetiva, menos cargada de emociones. Y la conclusión siempre será la misma: en ese momento, con esas circunstancias, ninguno de los que formaron parte de ese evento podrían haber hecho nada diferente de lo que hicieron.

Ponerse en los zapatos del otro es un paso simple, básico y muy efectivo para dejar de contarnos historias que nos duelen y nos entretienen tanto, que no dejan que mejores historias puedan manifestarse en el presente.

En las relaciones.

Hay personas que nos llevan nuestra atención, aun cuando ya no formen parte de nuestra vida.

Mientras caminamos, mientras conducimos, al hablar con otros, al ver una película, antes de irnos a dormir y también cuando nos acabamos de despertar por la mañana, puede haber una persona a la que le dediquemos gran parte de nuestros pensamientos. Una persona que nos preocupa, que deseamos, que cambie, que queremos que se vaya o que regrese. En definitiva, una persona a la que le hemos confiado la responsabilidad de amarnos para sentirnos valiosos y queridos.

Y como ésta es una tarea imposible, porque aun cuando el otro nos ame, es nuestro propio amor lo que nos estamos pidiendo descontroladamente. Ocupamos nuestra mente creando estrategias para manipularla, para convencerla, cambiarla o seducirla. Y en eso perdemos nuestra conexión con nosotros mismos.

Para quitar la atención mental obsesiva en las personas con las que nos relacionamos, deberíamos hacer una lista con todo aquello que le pedimos al otro, lo que estamos esperando de él. Y comenzar, punto por punto, a dárnoslo. ¿Pido atención? Me la doy. ¿Pido compresión? La tengo conmigo. ¿Necesito que me quieran? Comienzo por aceptarme.

Y, suavemente, la mente dejará de ser el centro de control de nuestras relaciones, para, al fin, poder llevarlas al corazón.

En las responsabilidades.

Hay una creencia muy común y es que al preocuparnos por algo estamos realmente siendo responsables o haciendo algo.

La preocupación es mental. Ocurre en el nivel del pensamiento pero, en realidad, no estamos haciendo nada. Bueno, en realidad ¡estamos haciendo mucho! Porque estamos ocupando toda la energía que necesitamos para ser creativos y ver posibilidades, para perderla haciendo exactamente lo opuesto. No hacemos nada por salir de donde estamos, pero todo lo posible por seguir enterrándonos en ese hueco.

No hay sugerencia posible para enfrentar la preocupación, porque suele ser tan lógica, con unos recursos mentales tan bien sostenidos y con emociones tan conocidas, que enfrentarse a ella es como hacerlo a un dragón. Pero todo dragón tiene su lado sensible. Y es allí por donde podemos entrar.

He comprobado que nada mejor que la ignorancia para despistar y finalmente hacer que el enemigo se rinda. Ignorar no significa quedarnos de brazos cruzados mirando con aires de indiferencia. Esto lo hemos probado y no funciona. "No me voy a preocupar por esto" es una frase que adormece a la mente por un momento, pero que cuando despierta viene recargada.

Ignorar, en realidad, es poner nuestra energía en otra cosa. Y hay una estrategia con la que la mente no puede luchar y es la experiencia. La mente se queda sin recursos cuando dice lo opuesto a lo que estamos viviendo. Ella me puede decir que no lo puedo hacer, pero en cuanto comienzo a hacerlo, la evidencia es tan fuerte que el dragón se queda sin fuerzas. Mete su cabeza entre las piernas y se va deshaciendo. Desaparece, tal como corresponde a toda ilusión, porque está en su naturaleza.

La acción mata al miedo. Por eso, ante la preocupación, hagamos lo que podemos hacer, lo que sea más simple, lo más fácil, lo que tengamos a mano, pero hagamos algo. Y hagámoslo ya.

Definitivamente la acción mata el miedo. O al menos lo envenena.

26

Lo que conocemos por felicidad está ligado a un evento externo. Cuando una expectativa se concreta o algo supera lo que esperábamos que ocurriera.

Pero el silencio tiene un regalo más profundo, una sensación indescriptible que podríamos llamarle éxtasis.

Cuando lo experimentamos, es que nos hemos permitido dejar atrás los discursos de la mente, las tentaciones del mundo, y nos hemos entregado a fluir, simplemente fluir.

Una vez hemos experimentado esta sensación, sabemos que nada ni nadie en el mundo tiene un regalo comparable con lo que nuestro espíritu nos puede dar.

27

Cuando estamos preocupados o ansiosos, es que quizá nuestra mente está en el futuro. Si estamos tristes, quizás estamos anclados en el pasado. Y para regresar al presente, lo mejor es tomar acción.

Hacer lo que sabemos que tenemos que hacer, lo que nos sea posible, pero hacerlo ahora. En este momento. No programarlo, no hacer planes, ni esperar el mejor momento. Hacer algo ahora. Dar el primer paso obligará a nuestra mente a tomar contacto con el presente.

El miedo, que nos llevó al pasado o al futuro, no se resiste ante la acción. Cuando hacemos algo, lo poco que sea, esa acción mata el miedo. O, al menos, lo entretiene para que nosotros podamos seguir avanzando.

28

Para alcanzar nuestra autenticidad es necesaria la entrega. Dejarnos llevar, permitir que nuestro espíritu nos hable más que controlar, planificar o hacer. Animarnos a ser nosotros mismos.

La conquista personal comienza por conocernos, descubrirnos, animarnos a mostrar auténticamente nuestra individualidad, ser fieles a lo que nos pide nuestro corazón y luego, después de esta conquista, entregarnos a nuestro espíritu.

Primero tenemos que hacer nuestro trabajo, ordenarnos, realizarnos, y luego esperar por un propósito mayor.

El trabajo espiritual comienza en lo concreto, en nuestras vivencias y en nuestra personalidad. Si lo hacemos desde lo abstracto, es posible que creemos ilusiones espirituales, pero no hayamos conquistado nuestro mundo interior.

29

La vagancia y la cobardía son los enemigos más grandes de la vida espiritual.

A veces, siendo discretos, no nos entregamos por completo en los momentos de conexión. Hacemos silencio, pero estamos con un ojo mitad abierto a ver qué sucede alrededor, o nos relajamos sin dejar de lado nuestros pensamientos.

La discreción nos dice que si nos entregamos, perderemos tiempo o, lo que aun es más temeroso, ¡que perderemos el control! Tememos que suceda algo "raro". Y ese temor termina por limitarnos justo en el momento en que íbamos a experimentar la paz que buscábamos.

El riesgo, en realidad, no implica ninguna pérdida, excepto la de las ilusiones que nos hayamos creado sobre el mundo, sobre nosotros mismos u otras personas.

Por otro lado, la vagancia se disfraza de responsabilidades y ocupaciones. No es que no hagamos nada. ¡Al contrario! Hacemos tanto, que no podemos hacer lo que realmente tenemos que hacer, los que nos dará bienestar.

Las excusas para tomarnos un momento para estar con nosotros, en silencio, quietos, son la manera en que la vagancia se cuela en nuestra vida y no nos damos cuenta porque estamos demasiado ocupados.

30

Entregarnos al espíritu consiste en permitir que nuestra conciencia intervenga en cada decisión, en cada acto. No se trata de un acto místico ni religioso. En este plano, está más cercano a lo ético que a lo sagrado.

Lo podemos definir como espíritu santo o como nuestro ser interior. Lo podemos llamar como queramos porque todos los nombres lo representan, aunque no hay uno solo que lo pueda definir.

Pero allí está dispuesto a guiarnos. Es el único que nos puede llevar a la paz.

Por eso, si estamos listos para dejarnos guiar, hagamos aquello que nos trae paz y decidamos parar cuando la perdemos.

Aunque suene bien, me convenga, me encante o sea correcto, si no me trae paz, no es lo más amoroso para mí en ese momento.

Claro está, para entregarnos, necesitamos una buena cuota de reverencia y de humildad.

31

Nuestro espíritu solo ve lo que hay. Reconoce lo que está pasando como la única opción. La mente, por su parte, ve el resto. Ve lo que podría ser, lo que hubiera sido, lo que fue o lo que imagina que será. Pero nunca ve el presente.

Por eso es que, en silencio, podemos escuchar lo que la mente conversa, pero reconocer que nada de eso está pasando. Y abrirnos a ver, con claridad, que es lo que hay.

32

Cada día estamos más apurados.

Al creer que la vida solo consiste en lo que puedo vivir en el mundo, fuera de mí, tememos perder el tiempo. Y comenzamos a hacer. Hacer planes y tareas. Hacer de todo para no perder el tiempo. Usar al máximo la tecnología para acelerar todos los procesos. Pero, en este mundo de dualidad, cuanto más hacemos para evitar perderlo, más rápido parecemos perderlo.

Hay otra manera de aprovechar el tiempo. Es haciendo nada. Nada para el mundo, pero todo para nosotros. Cuando logramos un momento de introspección podemos comprobar que el tiempo se estira hasta esfumarse y hasta llegamos a sentir que no hay tiempo. Porque solo nuestra mente sabe del tiempo y al salirnos por un momento de ella, entramos en un "instante" de eternidad. Y nada se siente mejor que ese instante.

La idea del tiempo, desde la mente, está sostenida entre el pasado y el futuro. El pasado que nos justifica y nos dice quiénes somos a través de los recuerdos y el futuro prometiendo que en algún lugar que aún no hemos encontrado, o en alguien, está la solución, la salvación. Liberarse de la idea del tiempo es dejar de necesitar del pasado para tener identidad y del futuro para que nuestra vida tenga sentido. Hagamos silencio y permitamos que la eternidad se manifieste. Ante ella, todo se esfuma.

33

Desaceleremos el ritmo del cuerpo para que nuestra mente haga lo mismo.

En algún momento del día, caminemos más lentamente. Seamos más suaves en nuestra manera de expresarnos y más conscientes de todo lo que hacemos. De todo, de cada paso. Y al desacelerarnos, llevemos la atención de todo lo que nos rodea a nosotros mismos. Nos podemos observar con más claridad cuando vamos lentos.

Disfrutemos del sabor de cada bocado y de todos los sabores que iremos descubriendo en éste. Sintamos el cuerpo, su dolor y su bienestar. Parte por parte.

Si lo incorporamos como hábito, lograremos que nuestra mente se serene con más facilidad.

Desaceleremos, vayamos más lento.

34

Una de las maneras más claras de manifestar el miedo es a través de una actitud defensiva. Ésta no siempre es tan obvia. Quizás defendemos una idea tratando de tener razón o por miedo a que no seamos tan importantes, tan suficientes o tan valiosos como nos gustaría. ¡Y esas defensas tienen todo el apoyo de la mente!

No se trata de dejar de defenderte, sino de observarte más atentamente cuando lo haces. Obsérvate y deja que sea tu propio ego quien llegue a la conclusión que no quiere seguir defendiéndose.

Finalmente podrás darte cuenta que cuanto más poder tratabas de ejercer, más miedo estabas cubriendo. Y que, por el contrario, la vulnerabilidad y la flexibilidad te llevan a despertar un poder espontáneo que sólo el espíritu te puede dar.

35

El enojo es la experiencia de una mente encerrada en sí misma pero que quiere liberarse.

Cuando nos enojamos, parecemos presos que están clamando por su libertad. Presos de ideas y conceptos, desesperados por salir de ellas.

Por eso, cuando nos enojemos, reconozcamos en esa actitud una mente cansada de llevar una idea vieja y deseosa de ser libre.

Cuando nos enojemos, entonces, demos el paso y reconozcamos que lo que estamos defendiendo, es una vieja carga. Y que el enojo es con nosotros mismos.

36

La auto observación es el camino para llegar al silencio.

Aun cuando estamos enojados o ansiosos, en el momento en que nos observamos, permitimos que la conciencia nos deje ver el juego de la mente.

Sucede que cuando observamos algo, no somos eso. Ponemos el objeto frente a nosotros. Y eso es lo ocurre con los pensamientos. Somos testigos. Ya no somos el pensamiento. Tampoco somos esa historia.

Se necesita tiempo para que nuestra conciencia cobre fuerza sobre la actividad de la mente, especialmente en momentos en que la mente nos desafiará con historias muy justificadas o emociones muy fuertes.

Aun así, sigamos observando. En algún momento, siempre imprevisto, el pensamiento de desvanecerá como lo que era, un fantasma.

37

La energía que nos mueve es sabia. ¡Cómo no serlo! Si es la energía más pura y sublime a la que podemos acceder. Ella fluye a través de nuestro espíritu y deja de fluir cuando nuestra mente se interpone. O, al menos, su flujo se debilita.

Esto no sucede cuando pensamos, porque pensar distrae, pero no interrumpe. Sino cuando defendemos una idea, nos quedamos en ella y no podemos movernos de allí.

Por eso, tanto con las ideas como con las situaciones, lo mejor es fluir.

La energía siempre hará su trabajo aun cuando nos resistamos con la estructura más firme que hayamos construido. Puede demorar, pero siempre hace su trabajo. Así es que si fluimos con lo que pasa, aceptando lo que se nos presenta, nos dejamos llevar.

Y si nos resistimos, nos llevará por delante. Pero nunca la podremos evitar.

38

La energía que nos mueve es sabia. ¡Cómo no serlo!

Cuando sabe que ya no correspondemos a un lugar, nos mueve. A veces nos está diciendo que seremos más útiles en otro lado, otras, que podemos aprender más suavemente la misma lección en otro lugar. O puede que en otro lado encontremos otra energía parecida que sume y haga más fácil el camino.

O quizás no sabremos nunca por qué. Pero cuando la energía nos lleva, lo mejor es irse.

39

La ausencia de alegría es la alerta que debemos escuchar para darnos cuenta que la mente está en conflicto. En conflicto con nuestro espíritu. Puede que la mente esté diciendo que no a lo que el espíritu dice que sí. O al revés.

Cuando esto sucede, no miremos tanto lo que estamos haciendo sino el cómo lo hacemos. La intención es determinante. Si la intención es complacer un deseo de nuestra mente, la alegría no tendrá lugar porque nunca, nada, será suficiente.

En cambio, si la intención viene desde nuestro espíritu, la alegría será la primera en aparecer aun cuando las circunstancias no sean las esperadas.

Cuando es la mente la que obedece al espíritu, la alegría está invitada.

40

A medida que soltamos el control de nuestra mente y comenzamos a escuchar el espíritu, también empezaremos a soltar lo que ella sostenía. Ya sean personas o cosas, ideas, creencias u opiniones.

En ese momento, en lugar de resistirnos ante lo inevitable, ayudemos a la partida de todo lo que ya "no es". No es malo, no es negativo, pero no es para nosotros.

Al soltarnos, soltamos.

Permitamos que lo que se va, se vaya.

Abracémonos bien fuerte a nuestro interior y dejemos que el exterior se caiga en pedacitos.

No caigamos en la tentación de levantarlos y volver a armar la pieza. De unirlos, de pegarlos y de tratar de encajarlos. Porque nuevas personas, cosas, percepciones, ideas, hábitos y caminos llegarán. Y será tan rápido como nos animemos a decir adiós a lo que ya no es.

41

Encontrar el silencio no significa poder sostenerlo.

Quizás lo encontremos en una meditación, pero la tarea es sostenerlo en cada momento, en todo lo que hagamos, en donde estemos y con quien estemos. Al caminar, al conducir, al hablar y al descansar. Siempre.

Muchas veces nos olvidaremos. Caeremos en el drama de nuestras historias y la de los otros. Nos creeremos el mundo tal como lo percibimos y las emociones nos enredarán hasta hacernos caer. Pero siempre vendrá una emoción mayor para recordarnos que hemos entregado nuestro poder a la mente.

En ese momento, no habrá nada que hacer sino dejarlo todo, por un instante. Respirar profundo y volver a observarnos. Atestiguar lo que sentimos hasta que volvamos a sentirnos en nuestro espacio de poder. En paz. Y recién allí podremos volver a elegir.

¡Y seguir andando! Pero cada vez con más atención.

42

Para observarnos debemos estar atentos, en guardia con nuestros pensamientos y emociones. Especialmente de nuestras emociones.

Observarnos no implica analizar ni hacernos preguntas. Es presenciar, estar observándonos sin apego a lo que estamos viendo o sintiendo. No es algo por "hacer", sino más bien "dejar de hacer". Quizá éste sea el conflicto que encontramos en el momento de observarnos, ya que a veces observamos con una agenda, con un propósito, como tratando de conseguir algo. Y lo conseguiremos, pero en la medida que dejemos de buscarlo.

Simplemente observándonos llegaremos a la quietud. Y en esa quietud, el drama perderá peso y la verdad saldrá a la luz. La verdad más profunda, la que la mente no podría ver, aceptar ni entender. Pero la que nos liberará.

Podemos comenzar a hacer el hábito observando lo que nos rodea, cada detalle, hasta centrarnos en algo específico y quedarnos allí, aún con la tentación de seguir explorando. Quedémonos allí y la resistencia cederá.

Luego, cerremos los ojos y hagamos lo mismo con los sonidos. Escuchemos todo hasta quedarnos con un sonido. Y sigamos allí. Al escucharlo con atención, los demás sonidos cederán y ese quedará.

Después llevemos la atención hacia nuestro cuerpo. Contactemos las emociones, todo lo que estamos sintiendo y la parte del cuerpo donde la sentimos. Hasta que solo una se llevará nuestra atención. Quedémonos en ella.

Recién observemos los pensamientos. Todos. Hasta que unos pocos permanecerán y solo uno seguirá allí, frente a nosotros. Observemos lo que ocurre, lo que vemos, quiénes están allí. Visualicemos todo y observemos sin prejuicios. Aceptemos lo que vemos tal como lo vemos. Quedémonos en ese pensamiento hasta que espontáneamente perderá fuerzas.

Finalmente, nada quedará. Solo una profunda sensación de paz. En ese momento, nuestra mente, acabará de liberarse de una buena cantidad de información. Mucha más seguirá allí, pero luego de esta experiencia cada vez con más sabiduría para discernir.

43

El discernimiento es clave para permitir que la sabiduría se manifieste. Y el discernimiento más profundo se consigue en el silencio, porque allí hay claridad.

Desde el silencio podemos distinguir lo real de lo que aparenta serlo. A veces con apariencias tan tentadoramente creíbles que necesitamos mucha, mucha claridad para discernir. Y mucho silencio.

Al principio, creemos que la elección es suficiente cuando podemos separar lo bueno de lo malo. Pero allí es cuando apenas estamos despegándonos de nuestra mente. Sabemos distinguir lo mejor de lo peor y lo útil de lo inútil. Pero nos queda un paso más profundo, donde podamos distinguir lo que "es" de lo que "no es".

Un profundo discernimiento nos permite hacer un camino espiritual honesto, con integridad. Porque todo lo que no es, simplemente deja de ser una opción en nuestra vida. Incluyendo lugares, personas, situaciones, palabras, cosas o, pensamientos.

Si somos persistentes en mantenernos en integridad, llegará el momento en que no tendremos que elegir, porque solo habrá una opción. Lo que "es". Y dejaremos de intentar ser lo que no somos para comenzar a ser. Ser de verdad.

44

Cuando nos entregamos al silencio, al principio, sentiremos miedo, ansiedad y sensaciones muy incómodas. Las mismas que sentiríamos al entrar a un lugar desconocido, a oscuras. Pero en cuanto dejamos de resistirlo, tratando de entenderlo todo, de controlarlo, de hacerlo bien, la luz comienza a aparecer.

Y aun con miedo, podremos empezar a ver el miedo desde la luz de nuestra conciencia. Veremos el miedo como nunca antes lo vimos. Lo veremos "muerto de miedo", temblando, encogiéndose. Veremos a nuestra felicidad parada a su lado, consolándolo. Y también nos veremos nosotros, conteniendo a los dos. Eso pasa cuando nos entregamos al silencio.

45

Y cuando el silencio nos asuste, trataremos de taparlo.

Lo taparemos con cosas compradas, prestadas o robadas. Lo taparemos con personas, con obligaciones, con agendas, con creencias, con lo que podamos... Pero no querremos verlo.

De todas maneras, algún día, tarde o temprano, todo lo que pusimos se caerá y podremos volver a taparlo o, de una vez por todas, animarnos a mirarlo.

Lo miraremos de reojo, desde arriba, de costado. De todas las maneras posibles hasta que un día, podremos mirarlo de frente. ¡Ese será el día que comenzaremos a entenderlo todo!

46

El silencio nos muestra dos verdades, la nuestra y la del mundo.

Cuando se parecen, es que quizás aún no tenemos nuestra propia verdad y se la hemos pedido prestada al mundo. Pero el silencio empezará a mostrarnos nuestra verdad.

Si ya la hemos descubierto. Si sabemos, de verdad, lo que "es" y "no es" para nosotros, el silencio hará más clara esa distancia. La pondrá al descubierto. Y ver la distancia entre nuestra verdad y la del mundo nos impulsa a volver a elegir, esta vez con mayor conciencia.

O, si nos vuelve a dar miedo, nos llevará a tratar, a empujones, de acercar las dos verdades. Hasta que nos cansemos de hacerlo y aceptemos que entre nuestra verdad y la del mundo hay una distancia. Y aprendamos a vivir con ella.

47

Cuando estamos en la mente es como si fuéramos los jugadores en medio del campo de juego. Vamos avanzando a los tirones, con la meta de ganar, o de no perder, defendiéndonos y atacando, mirando a cada persona que camina frente a nosotros como una posible amenaza. Y ya no podemos tratarnos igual, porque la mitad de ellos son diferentes a nosotros. Y de la otra mitad debo dudar, porque también ellos pueden tratar de hacer un juego mejor que el nuestro.

Pero si estuviera sentado en la platea, podría ver la misma historia, pero sin el dramatismo que se siente en el campo de juego. Veríamos con claridad que todo es parte de un juego, aunque por un momento nos tentemos a estar de acuerdo con la mitad de los jugadores y la necesidad de ganar, o de no perder, porque somos fanáticos de ese equipo. Pero la tensión será mucho menor.

Y si lo viéramos por televisión, es posible que nos sintamos un jugador, que nos sintamos en el estadio, pero si decidimos salirnos de este drama, con apretar un botón bastaría para lograrlo. Cuando somos jugadores, estamos inmersos en el juego de la mente. Cuando lo presenciamos desde la platea, estamos menos comprometidos con seguir su juego y mas aliviados, tanto física como mentalmente. Y si lo vemos por la televisión, tenemos el control de salirnos y entrar en esa escena, aun cuando el partido se siga jugando y otros quieran seguir en esa historia. Esa es la visión desde la conciencia.

Y también vale decir que otros, alejados del discurso de sus mentes, ni siquiera se enteran de que se está jugando ese partido.

48

Las creencias no son solo conceptos, ideas. Son puertas que abren o cierran posibilidades. Alcanza con creerlas para que esa puerta se abra. Y dejar de creerlas para que la puerta se cierre. A veces, hasta que quede tan sellada que nos cueste volver a abrirla. Y solo un golpe fuerte lo lograría.

No subestimemos lo que pensamos. Porque los pensamientos no son solo ideas, sino que eventualmente se convierten en cosas y en experiencias. Y cuando esto ocurre, nos resulta más difícil darnos cuenta que solo era un pensamiento.

Estemos más en contacto con nuestros pensamientos.

49

El ego, que es el personaje que ha creado la mente, no es real.

Lo real no es perecedero y lo que ve la mente lo es. Porque lo que es imperecedero, como el amor o Dios, la mente no lo puede entender. Lo que más lejos ha llegado es a ponerle un nombre y a tratar de definirlos. Pero hay tantas interpretaciones como mentes que lo piensan. Entonces, no puede ser la verdad.

No somos eso, pero tratamos de sostenerlo todos los días con lo que hacemos. Tratamos de interpretar, actuar y hacer creíble el personaje que somos, pero nunca podemos llegar a ser eso. Yo no soy escritor, ni periodista, ni soy lo que Julio representa, ni nada de esto. Lo actúo, lo sostengo. De hecho, lo puedo cambiar.

La prueba más fehaciente de que no soy esto es que cuando mi cuerpo falle, comenzaré a dejar de lado parte de mi identidad. Y cuando el cuerpo deje de funcionar, podré darme cuenta, si es que no lo he logrado ver antes, que no seré nada de lo que he creído que era. La función de la mente es sostener esa ficción. Es un error de percepción y un intento de ser el personaje. Me lo imagino y al actuarlo, pienso que es real. Pero en lo profundo de mí, presiento que yo soy algo más. Me doy cuenta aun cuando puedo tener logros, alcanzar mis metas y estar en el lugar que quiero…

Necesito algo más.

Ése es el deseo mas divino que podemos tener como seres humanos. Desear auténticamente "darnos cuenta" que somos más que todo lo que creímos ser.

50

El sufrimiento se siente en el cuerpo, pero no hay tal cosa como dolencia en el alma.

Cuando hay dolor es que estamos estancados en las historias de nuestra mente. Estamos encerrados en una construcción mental. Pero lo que nos duele no es real, porque esa historia no lo es. Nos sentamos a ver la película y como el cine está a oscuras, nos metimos en el personaje.

Es la mente que sufre y las emociones lo sienten. Pero el espíritu, en ese momento, da un paso atrás para que nosotros podamos experimentar nuestra historia a gusto. Pero él no interviene. Sabe que no corremos peligro porque lo más grave que podría pasarnos es que suframos tanto, tanto, que dejemos de sufrir porque no podemos más. Y en esa rendición, veríamos otra vez su luz. Porque volver a ver la luz está garantizado. Esa es la garantía del espíritu. El tiempo que demoremos depende de nosotros. De que ocurrirá, ocurrirá.

Pero no esperemos tanto. Cuando el sufrimiento se ponga a bailar con nosotros, encendamos la luz. O pidamos a alguien que nos ayude a abrir la ventana. La noche es la mente y la conciencia, el sol.

Y por más fantasmas que hayamos visto, cuando llegue la madrugada, ninguno quedará en pie.

51

El camino espiritual es mucho más simple de lo que imaginamos. Puede ser místico o no. Puedo ser religioso o no. Pero sí es un camino de amor. No un amor místico ni religioso, sino que nace desde nuestro corazón cuando la mente lo permite. Y ocurre en la vida cotidiana, no solo en templos o lugares especiales. Debe ocurrir en cada acción y en cada pensamiento. Y comienza conmigo, en el amor que me puedo dar para luego compartirlo.

Por lo tanto, el camino espiritual está guiado por la paz. Porque cuando amo, estoy en paz. Esa en mi guía.

Si algo no me trae paz, no es para mí en ese momento. No es malo, no es peligroso. Simplemente no es amoroso para mí en ese momento.

Si me considero en el camino espiritual no debería preguntarme si soy bueno. Solo debería insistir con responderme una sola pregunta ¿estoy en paz?

52

Lo que despierta nuestra sabiduría es la experiencia, no el conocimiento.

Conocer, saber, enterarnos, informarnos, nos permite llegar a la experiencia armados de entendimiento. Pero no es sino hasta que lo vivimos cuando realmente podemos pensar y hacer lo mismo, al mismo tiempo. Allí es cuando el conocimiento se ancla para siempre.

Por eso necesitamos tener una práctica constante.

No solo de cerrar los ojos, acomodar el cuerpo y meditar de manera tradicional. Sino de mantenernos alertas, observándonos, modificando, reconociendo y volviendo a elegir un mejor pensamiento cuando sea necesario. Esto implica paciencia, perseverancia, atención y humildad.

Hacerlo para vivirlo.
Vivirlo para sentirlo.
Sentirlo para serlo.

53

En silencio podemos escuchar mejor a los demás. Esta es la habilidad más importante en la comunicación.

Nos cuesta porque, si queremos escuchar atentamente a alguien, debemos olvidarnos de nuestras historias por un momento. Si somos egocéntricos, escuchar es imposible. Podemos fingirlo, actuarlo, pero no escuchamos con atención, no estamos presentes para la otra persona. Sucede que si estamos demasiado en nuestra mente, consumimos gran parte de nuestra atención en ella y poco nos queda para quienes tenemos alrededor. O frente a nosotros, que nos habla, nos dice, pero que no es escuchado.

Pienso que es allí cuando comienzan los desacuerdos. No escuchamos lo que nos dicen, sino que mientras nos hablan, nos escuchamos a nosotros mismos interpretando lo que nos dicen. Asumimos y creamos del otro un personaje que eventualmente se peleará con el nuestro. ¿No nos ha pasado que luego de un desacuerdo, con enojo incluido, la otra persona nos dijo: pero no fue eso lo que te dije? Y respiramos. Cuando estamos muy apegados a nuestra mente, no podemos prestar atención a los demás, por eso es que cortamos conversaciones sin sospechar que lo hacemos, reaccionamos imprevistamente, podemos mostrarnos polémicos, desinteresados y hasta ignorar completamente a la persona que tenemos frente a nosotros, aunque la tengamos ahí y estemos en la misma habitación.

No estamos atentos y receptivos porque esto implica estar quietos. Y la mente no se queda quieta con facilidad. Siempre está buscando, en algún punto, el conflicto.

54

Aquietar la mente no significa ser pasivos ante el mundo.

Desde el silencio se inspiran acciones extraordinarias. Acciones conscientes, precisas, transformadoras. La mente inquieta nos mantiene siempre en actividad, ocupados, de aquí para allá, pero sin poder tomar una acción definida. Nos volvemos obsesivos y nos perdemos en eso.

Los hábitos nos mantienen activos, pero no nos permiten tomar acciones transformadoras. Los hábitos reflejan la continuación del pasado. Seguimos haciendo lo mismo. Bueno o malo, siempre igual.

En cambio, desde el silencio puede que tomemos una sola acción, pero ésta será tan precisa, tan poderosa, tan clara, que no necesitemos más que dar ese paso para transformarnos.

55

El aburrimiento es un síntoma de que nos hemos dejado gobernar por nuestra mente.

Cuando estamos en silencio, podemos ver la belleza en la quietud, podemos ver todo lo que pasa cuando pensamos que no pasa nada. Podemos gozar, disfrutar y entretenernos aunque estemos solos.

En el silencio es donde despertamos nuestra creatividad.

56

Hay un nivel más profundo de inteligencia que trasciende la capacidad de razonar. Es la inteligencia espiritual. Porque aun con mucha información no podemos llegar a la profundidad, a ver con claridad.

Desde la quietud del espíritu podemos trascender los conceptos y disfrutar de las personas y del mundo tal como son. Nos hace más íntegros y comprometidos. Nos aleja del sufrimiento y nos conecta con nuestra verdad.

Para ser espiritualmente inteligentes no necesitamos más información, sino más meditación, más silencio. Pensar menos y sentir más. Sentirnos más.

57

Somos espiritualmente inteligentes cuando somos un poquito menos mente y un poquito más corazón.

Cuando nuestra mente se silencia, gastamos menos energía. La conservamos porque dejamos de invertirla como alimento para nuestras historias, sino que la almacenamos para los momentos en que realmente sea útil usarla.

Está en una elección que tenemos a nuestro alcance. Usar nuestra mente para pensar cuando sea necesario, pero dejarla descansar cuando no necesitamos razonar.

¿No nos ha pasado que aun cuando hemos estado reposando nos sentimos cansados y cuando hemos trabajado físicamente en algo que disfrutábamos - sin que la mente se ocupara de opinar y tomar partido –tenemos incluso más energía que al comenzar?

Si estamos cansados físicamente, hagamos silencio. Ese será el descanso más reparador.

58

La relajación es una consecuencia, es un estado que se alcanza.

Si tenemos la relajación como meta, estaremos tan empeñados en lograrlo que eso mismo obrará en contra. Porque la relajación es desocuparse. Pero cuando tengo una meta, la mente se pone en marcha para lograrlo. Y esa actividad no me permite relajarme. Alcanzo las posiciones, llego a los lugares de descanso, pero mi mente dice: "ahora relájate", "ahora disfruta que estás aquí", "no pienses en eso". Y me pierdo en el intento.

Nos relajamos cuando dejamos de hacer, observando los obstáculos sin forzar a sacarlos del camino. Deteniéndonos y sintiéndonos. Respirando... Y entonces, la relajación ocurre.

59

La creatividad es una condición de nuestro espíritu y, una vez que despierta, si no la expresamos, esa energía se convierte en enfermedad, física o mental. Por eso, una vez que comenzamos a despertar interiormente, es necesario expresarlo fuera de nosotros.

Cuando un niño está feliz, es imposible mantenerlo quieto. Estira los brazos, salta y corre. Su energía necesita expandirse, ser comunicada o se convierte en frustración. Y la frustración lo enferma.

Por eso, canalicemos lo que sentimos. De la forma que podamos, pero hagámoslo. Digamos lo que sentimos, escribámoslo, pintémoslo, saltémoslo, caminémoslo, extendámoslo en un abrazo, en una carta, compartámoslo en facebook, en twitter, por teléfono o en la servilleta de la cafetería. Pero no guardemos la energía que impulsa nuestro espíritu.

60

La verdad no está en nuestra mente. Allí esta lo correcto, lo que sabemos, lo conocido, lo que para nosotros es verdadero.

La verdad está en el silencio. Por lo que si no hay silencio, no hay verdad.

Y si no hay verdad, lo que hay es mentira. Una mentira que dice que si nos mostramos tal como somos podemos ser incorrectos o inaceptables, que tenemos que aparentar fortaleza ante el mundo, que el sufrimiento nos hace más nobles, que no podemos disfrutar de lo que es bueno, que si mostramos nuestras emociones negativas perderemos el control, que no se ve bien poder estar sumamente alegres, que menos es mejor, que la preocupación es un valor humano, que la culpa tiene sentido, que los errores del pasado nos condenan y que en algún lugar en el futuro, en algún lugar del mundo o alguien mejor que nosotros podrá salvarnos.

Y como la verdad tiene mucha más fuerza que la mentira, la mentira, en algún momento, cae. Cae de golpe, cae lentamente, pero termina en el suelo. ¡Y duele! Porque rompe un pedazo de nosotros. Un pedazo que nos limitaba pero al que estamos tan acostumbrados que aun sabiendo que era mentira, nos encantaba llevarlo a todas partes.

¡Nada mejor que cuando una mentira estalla! Porque ese día experimentamos la libertad.

61

La música nos ayuda a entender cómo funciona nuestra mente. Si los sonidos no estuvieran separados por silencios, en lugar de melodías, tendríamos un largo y molesto ruido. El silencio le da sentido al sonido.

Igualmente, nuestros pensamientos cobran un sentido más profundo y verdadero cuando nos permitimos espacios de silencio.

Podemos estar enojados, pero un espacio de silencio nos permite aclararnos y volver a elegir. Podemos dejarnos llevar por el deseo, pero un espacio de silencio volverá a poner las ideas en su lugar. En el lugar que nuestra conciencia elija. Los pensamientos nos traen más información, conocimiento. Pero es la sabiduría que encuentra en el silencio.

Dejemos espacio de silencio periódicamente, durante el día. Tengamos la disciplina de parar por un momento, respirar profundo varias veces, sentarnos si es posible y permitir que la energía se reacomode a la manera que la conciencia sabe hacerlo.

62

De todas las energías densas que pueden instalarse en nuestra mente, la ira es una de las más peligrosas. No solo por su poder destructivo, sino porque es materia prima para muchas otras que, si lo permitimos, anidarán en ésta. El odio, la venganza, la lucha, la muerte... Todas se fortalecen con la ira.

Este monstruo tiene su propio argumento escrito en nuestra historia personal. Y su combustible es su misma energía. La ira genera más ira para seguir alimentándola. Si de ella depende, seguirá creciendo. Excepto que no permitamos que se siga alimentando.

Por eso, en momentos de ira, atestigüémosla. Observar las emociones es un recurso valioso para liberarnos de ellas. Si logramos atestiguar nuestro enojo, podremos transformarlo antes que llegue a ser ira.

Si la ira se instala, atestigüémosla hasta que pierda fuerzas. Porque al no identificarnos con ella, sabremos que está allí, pero conscientemente elegiremos una manera de transformarla sin tener que llegar a sentirla.

En ese momento, distanciémonos del mundo, aunque sea unos minutos. Reconozcámosla, pero no la actuemos. Respiremos profundo. Volvamos a respirar. Observemos nuestros impulsos pero no permitamos que el cuerpo los actúe.

Sigamos respirando. Largo y profundo. Observemos nuestros pensamientos, dejemos que la mente nos diga todo lo que necesita que escuchemos. Pero no permitamos que salga de nuestra boca. Respiremos aún más profundo.

Y cuando hayamos recobrado la serenidad, busquemos la manera más amorosa de decir lo que necesitamos decir. Y la manera más respetuosa de hacer lo que tenemos que hacer.

Porque la ira nació del miedo, pero la acción la mata.

63

Cuando logramos atestiguar nuestros pensamientos y experimentar con cierto desapego nuestras emociones, nos preparamos para dar un paso más y actuar de esa manera.

Si los pensamientos o las emociones nos han nublado, reaccionaremos. Quizá podamos controlar un impulso, pero la agresividad buscará salir de alguna manera, si no es hacia afuera, irá hacia adentro, impactando nuestro cuerpo.

Si logramos darnos cuenta que "es un pensamiento" o "es una emoción" que está ocurriendo en mí pero que no es mía como tal, que no forma parte de quien soy, dejaremos de reaccionar y atestiguaremos lo que estamos atravesando sin involucrarnos desde otro lugar que no sea en paz.

Puede que estemos frente a alguna persona que nos insulta, una situación caótica o frente a un hecho que nos tienta a caer en el dolor. Pero aun así podremos elegir estar en paz.

Quizás este sea el estado más elevado que podamos alcanzar como seres espirituales encarnados, donde mantenemos una intención clara y determinada en el amor. No a manera de sacrificio, sino de compasión.

Requiere trabajo, dedicación y firmeza, pero es necesario mantenerlo como meta, porque para eso hemos venido al mundo. Para descubrirnos, experimentarnos y trascendernos.

64

Un maestro espiritual está aquí para guiarte hasta que encuentres tu verdad.

Un guía te cuestiona, te muestra posibilidades, te abre la mente y te invita a que abras el corazón, pero nunca te condiciona.

Un guía no puede sanarte, porque la sanación es un poder individual que cada uno debe ejercer consigo mismo. El guía camina primero y luego te muestra el camino que tú mismo deberás caminar.

Un maestro espiritual no tiene soluciones. Porque si alguien las tuviera, nuestra mente nos diría que ése es el camino. Y dejaríamos el nuestro de lado.

Caminar, caminar. Ese es el camino espiritual. Caminar, sin saber dónde llegar pero disfrutando de cada paso.

65

Si nos limitamos a nuestra actividad mental iremos reduciendo nuestra experiencia de vida.

No estaremos atentos a lo que sucede a nuestro alrededor. Y menos aun a la riqueza de emociones que esto puede despertar.

Estaremos en piloto automático, registrando solo lo que nuestra mente nos permite ver y sintiendo solo lo que nos estemos permitiendo sentir. Viviendo nuestra vida, literalmente, a medias.

66

Una manera fácil de vaciar nuestra mente es escribiendo.

Respira profundo y escribe. Escribe todo, como sale, como lo sientes.

Cierra los ojos, contacta con lo que sientes, respira y sigue escribiendo. Escribe hasta que sientas que no tienes nada más que decir.

Y luego, quema ese papel. Deja que el fuego se ocupe de terminar tu limpieza interior.

67

Cuando nos dejamos llevar por el espíritu, en lugar de la meta, nuestra atención está en el proceso. En lo que hacemos, no hacia dónde vamos.

Estamos adiestrados a perseguir metas y vivir por ellas hasta alcanzarlas. Y esto, en sí mismo, no es tan agotador como la actividad mental que tendremos que desplegar para mantenernos enfocados en el futuro, en lo que vendrá.

Una vez que tengamos la meta clara, no prestemos atención a ésta, sino pongamos atención en el camino para alcanzarla.

Para el espíritu hay un continuo fluir. Por eso es imposible que desde el espíritu podamos preocuparnos por alcanzar algo, porque sabe que siempre irá tras eso... Y nunca dejará de fluir. No conoce las pérdidas ni los finales. Hay cambios, hay transformación, pero nunca hay pérdida.

Desde el espíritu, el resultado es lo que estamos viviendo, no lo que encontraremos al final, porque nunca habrá final.

68

En silencio, entenderemos la perfecta sincronía con que el mundo se mueve. Y que lo mismo ocurre en nosotros como parte de él. Entenderemos que dar y recibir son una misma experiencia, aunque el tiempo las divida. Que pedir y recibir ocurren simultáneamente, aunque nuestras dudas las separen. Que pensar y experimentar ocurren en el mismo instante, aunque nuestra mente, queriendo entenderlo, lo separa con horas y hasta días y años.

En silencio, nos daremos cuenta que cuando algo no ocurre, es porque no es el momento. Que porque todo se nos es dado, es imposible que se nos niegue lo que queremos. Pero que hay un momento perfecto para cada cosa aunque nuestra mente no esté de acuerdo con ese reloj.

En silencio, nos daremos cuenta que así como está nuestro interior, está el mundo inmediato que nos rodea. En silencio, experimentaremos con certeza que ese espejo nunca nos abandona. En silencio, dejamos de preguntarnos ¿qué me molesta de esta persona? Sino ¿qué se despierta en mí cuando me cruzo con ella?

En silencio, confiaremos espontáneamente. No querremos controlar nada ni a nadie porque sabremos que esto viene acompañado de dolor. Y que mientras más vulnerables seamos, más fortaleza tendremos. Que si nos dejemos llevar, más rápido llegaremos.

En silencio, renunciaremos a ser alguien porque nos daremos cuenta que ya somos. Y confiaremos es realizarnos por lo que ya somos. Nos daremos cuenta que el que con esfuerzo queríamos llegar a ser, ya estaba dentro de nosotros esperando salir.

En silencio, seremos conscientes que solo atraemos lo que vibra con nuestra energía. Y no querremos poseerlo porque interiormente ya sabemos que nos pertenece. Que eso es parte de nosotros y que ser como somos alcanza para que siempre estemos rodeados por lo que nos corresponde. Que perder es ganar, ya que lo que se va de nuestro lado es porque no forma parte de nosotros y que ningún espacio queda vacío. Que no hay error posible en este proceso.

En silencio, aceptaremos que todo es posible. Que no necesitamos verlo para creerlo. Y que aun sin creerlo, un milagro puede ocurrir en el momento más inesperado.

En silencio, nos daremos cuenta que la vida es fácil y que es la mente la que la complica. Por eso es que el ego disfruta y valora lo difícil. Porque así se mantiene ocupado.

En silencio, podremos alcanzar la experiencia suprema. El darnos cuenta que arriba y abajo fue una idea de nuestra mente, y que la verdad de Dios vive dentro de nosotros.

Que no ya no es "así en el cielo como en la tierra", sino "así en mi corazón como en el mundo".

Para saber más del autor visita
www.juliobevione.com

Made in the USA
Middletown, DE
09 May 2015